I0233604

PRÉCIS

DE

GÉOGRAPHIE HISTORIQUE

DE L'ALGÉRIE

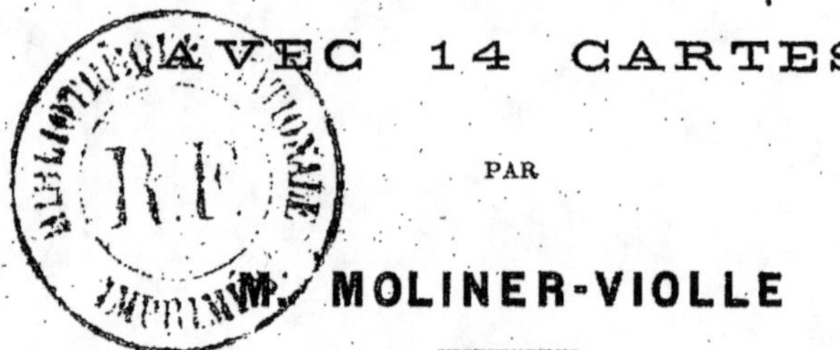
BIBLIOTHÈQUE NATIONALE
R.F.
IMPRIMÉS

AVEC 14 CARTES

PAR

M. MOLINER-VIOLLE

INSTITUTEUR

MEMBRE DE LA SOCIÉTÉ DES SCIENCES PHYSIQUES, NATURELLES ET CLIMATOLOGIQUE D'ALGER

OUVRAGE COURONNÉ A L'EXPOSITION D'ALGER, 1876

ALGER

ADOLPHE JOURDAN, LIBRAIRE-ÉDITEUR

IMPRIMEUR-LIBRAIRE DE L'ACADÉMIE

PLACE DU GOUVERNEMENT

1877

Droits de reproduction et de traduction réservés par l'auteur.

8° K 1094

PRÉCIS

DE

GÉOGRAPHIE HISTORIQUE

DE L'ALGÉRIE

8
k
094

BOULOGNE-SUR-SEINE. — IMPRIMERIE JULES BOYER

PRÉCIS

DE

GÉOGRAPHIE HISTORIQUE

DE L'ALGÉRIE

AVEC 14 CARTES

PAR

M. MOLINER-VIOLLE

INSTITUTEUR

MEMBRE DE LA SOCIÉTÉ DES SCIENCES PHYSIQUES, NATURELLES ET CLIMATOLOGIQUE D'ALGER

OUVRAGE COURONNÉ A L'EXPOSITION D'ALGER, 1876

ALGER

ADOLPHE JOURDAN, LIBRAIRE-EDITEUR

IMPRIMEUR-LIBRAIRE DE L'ACADÉMIE

PLACE DU GOUVERNEMENT

1877

Droits de reproduction et de traduction réservés par l'auteur.

EXPOSITION SCOLAIRE D'ALGER

(Extrait du rapport.)

. . . .

La sous-commission a pris connaissance avec un vif sentiment de satisfaction des cahiers d'histoire rédigés par le directeur de l'École de la rue Philippe, à Alger, et en particulier de sa géographie historique de l'Afrique septentrionale.

Elle approuve sans réserve l'heureux système de croquis intercalés dans le texte par M. Moliner-Violle, et n'hésite pas à les déclarer bien préférables aux grandes cartes calquées qui fatiguent inutilement l'élève.

Le Rapporteur,
G. DURUY.

Le Président
A. DEMOLY.

MM. TOUBIN, DAVID.

N° 14 du *Bulletin de l'Instruction publique d'Alger.*

AVERTISSEMENT

Les nouveaux programmes d'enseignement conseillent de partir du connu, du point que l'on habite, pour arriver progressivement aux grandes divisions générales de la géographie nationale et à celle des autres parties du globe.

En vertu de ce principe, j'ai pensé qu'il serait bon de mener de front l'étude de l'histoire et de la géographie. C'est dans ce but que j'ai préparé ces quelques données, contenant les faits principaux et les plus remarquables de l'histoire de notre colonie, afin de mieux graver la leçon dans l'intelligence de l'élève et d'animer quelque peu son étude.

Ce cadre restreint ne m'a pas permis d'entrer dans de plus grands détails. Ce n'est d'ailleurs qu'une analyse sommaire sur laquelle je me propose de revenir.

Il m'a semblé possible (et en cela je suis les conseils de personnes qui ont bien voulu m'entourer de leur bienveillance), il m'a semblé possible, dis-je, d'accroître l'attrait de ces notions de géographie historique, aux yeux de la jeunesse algérienne, en lui rappelant sans cesse les circonstances qui ont mérité à tant d'hommes célèbres l'honneur de prêter leur nom aux principales localités de l'Algérie et aux rues de nos capitales.

Ce sont là des faits d'histoire populaire qu'un Français ne doit pas ignorer et qui devraient trouver, à notre avis, une petite place dans les ouvrages d'enseignement destinés à nos écoles.

M.-V.

GÉOGRAPHIE HISTORIQUE DE L'ALGÉRIE

Gravé par R. Haussermann

AFRIQUE DU NORD

La partie nord de l'Afrique, baignée par la mer Intérieure (Méditerranée), portait divers noms, le mot Afrique étant spécialement réservé au territoire de Carthage (Tunisie moderne). La Libye était peuplée par une race inculte, observant en partie les mœurs des Égyptiens, ses voisins. La côte était habitée par des colons grecs qui fondèrent, dans les abris naturels les plus sûrs, Apollonie, Cyrène, Arsinoé, Bérénice.

Des guerres cruelles et stériles ayant eu lieu entre les Cyrénéens et les Carthaginois au sujet des limites de leurs territoires, les deux peuples, pour arrêter l'effusion du sang, consentirent à traiter le différend à l'amiable. Des coureurs partis des deux villes devaient marquer la limite à leur point de rencontre. Il arriva que les coureurs carthaginois, les frères Philènes, firent un trajet bien autrement considérable que celui de leurs adversaires. Les Cyrénéens crièrent à la fraude et ne voulurent considérer l'épreuve comme valable que si les Philènes étaient enterrés vivants à l'extrême limite du territoire qu'ils avaient conquis à leur patrie. Les frères Philènes acceptèrent cette condition, et Carthage éleva un autel sur la fosse qui les engloutit.

La Numidie et les Mauritanies eurent des limites variables soumises aux bouleversements des conquêtes : le Maroc était appelé Mauritanie Tingitane ou de Tanger, et la partie de la Berbérie comprise entre la Mulucha (O. Mouloua) et le Thapsus (le Safsaf) portait le nom de Mauritanie Orientale (plus tard Césarienne); le reste jusqu'à Tabarka formait la Numidie.

Nota. — Ces divisions de la Mauritanie furent changées sous Marius, César, Claude, Théodose.

II

L'ALGÉRIE DEPUIS LES TEMPS LES PLUS RECULÉS JUSQU'A LA RUINE DE CARTHAGE (146 avant J.-C.)

D'après l'historien carthaginois Hiempsal et l'historien Salluste qui fut proconsul de Numidie, le nord de l'Afrique était primitivement peuplé par les Gétules et les Libyens que repoussèrent plus tard les compagnons d'Hercule. Ceux-ci, composés de Mèdes et de Perses, jetèrent les fondements d'Icosium (Alger), se fondirent avec les indigènes, et formèrent la race numide qu'on retrouve dans l'indigène du sud.

Les Mèdes et les Arméniens alliés aux Libyens auraient formé les Maures, plus doux et plus civilisés; les Gétules, retirés sur les hauts plateaux et la région limitrophe du Sahara algérien, avaient pour capitale Capsa et formèrent la race montagnarde que les Romains nommaient dédaigneusement Barbares (Berbères ou Kabyles). Procope, historien grec du VIe siècle, prétend que des peuples de race sémitique, les Gergéséens et les Gébuséens, fuyant devant Josué, s'étaient établis au nord de l'Afrique.

Jusqu'au Ve siècle, les habitants de la Berbérie parlèrent un langage phénicien comme le prouve la signification des noms de leurs villes, de leurs fleuves. Ce langage, dit-on, a été conservé en partie par les nomades du Sahara.

Plus tard, les Numides furent divisés en Massésyliens, ayant pour capitale Siga, à l'embouchure de la Tafna, et en Massyliens, dont la capitale était Zama, près de Carthage.

Pendant plus de six cents ans, Carthage, maîtresse de la mer, put établir des emporium (comptoirs) sur le littoral. Les principales stations sont Tabarka, ou Tabraka, Hippo-Regius (Bone), Chullu (Collo), Igilgilis (Djidjelli), Rusucurrum (Dellys), Icosium (1) (Alger), Cartenna (Ténès), Karkome (Oran), Akra (Rachgoun), Siga. Dans l'intérieur, nous ne mentionnerons que Suthul et Kalama (Guelma), Cirtha (Constantine).

---

(1) *Icosium*, du mot grec Εἴκοσι, les Vingt, fondé, d'après Solin, écrivain latin du IIIe siècle, par vingt compagnons d'Hercule.

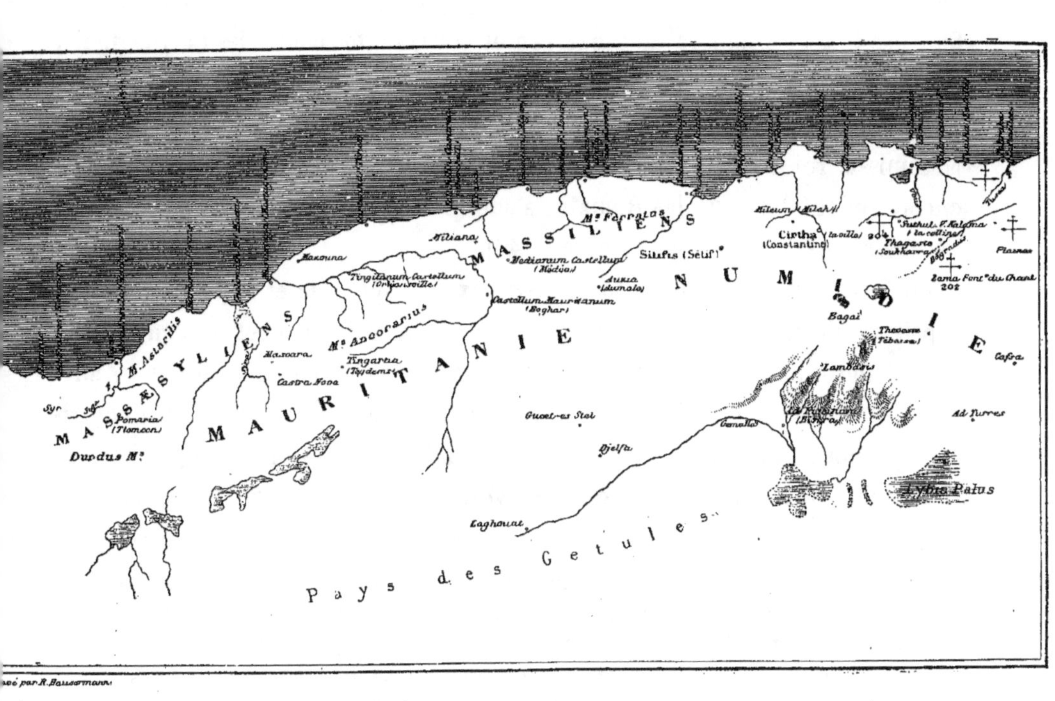
MASSYLIENS
MAURITANIE
MASSILIENS
NUMIDIE
Pays des Getules
Pomaria (Tlemcen)
Durdus M.
Mascara
Castra Nova
Tingartia (Tydemt)
Mazouna
Tingitanum Castellum (Orléansville)
Miliana
Medianum Castellum (Médéa)
Castellum Mauritanum (Boghar)
M. Ferratus
Sitifis (Sétif)
Auzia (Aumale)
Milevum (Milah)
Cirtha (Constantine)
Bagaï
Theveste (Tébessa)
Lambæsis
Cafsa
Ad Turres
Gemellæ
Djelfa
Laghouat
Guelt-es Stel
Lybia Palus
Thagaste (Souk-harras)
Zama
202
Tracé par R. Bausermann

III

Lors de la deuxième guerre punique (200), les Romains et les Carthaginois recherchèrent l'alliance des rois numides. Syphax, roi de Siga, entra dans l'alliance romaine; les Carthaginois lui opposèrent Gula, roi de Cirtha, dont le fils, Massinissa, s'empara de Siga. Tantôt pour, tantôt contre les Carthaginois, ces deux rois contribuèrent à la ruine de la puissante Carthage.

Après Zama (202) où les Carthaginois furent complétement battus par Scipion, Massinissa, roi de Cirtha, suscita de tels embarras à Carthage vaincue, mais encore redoutable, que les Romains s'empressèrent de la détruire pour qu'elle ne devînt pas la proie des Numides (146).

En 204, Massinissa fut battu par Syphax, entre Cirtha et Hippône; mais il reprit sa revanche en incendiant le camp de son vainqueur et en contribuant à la victoire des Grandes Plaines (près Tusca), puis à celle de Zama, où Annibal fut vaincu. En 193, Massinissa, qui, comme nous l'avons dit, contribuait à tous les malheurs de Carthage, détruisit près d'Oroscopa l'armée d'Asdrubal. Il mourut peu après sans avoir vu la ruine de son ennemie.

---

(1) *Annibal.* Rue d'Alger. — Général carthaginois, né en 247, mort en 183 avant J.-C., jura, à neuf ans, haine éternelle aux Romains, et fut leur plus redoutable ennemi. Parti d'Espagne, il traversa les Alpes, battit les Romains et manqua Rome faute de secours de Carthage. Il put avec ses 36,000 guerriers, subjuguer le sud de l'Italie où il demeura en maître pendant seize ans, ce qui prouve que ces guerriers ne s'étaient point amollis dans les délices de Capoue. Rappelé dans sa patrie livrée à l'anarchie et faible en face de l'ennemi, il est battu par Scipion à Zama (202); cet illustre vaincu se retire auprès d'Antiochus où il est contraint, à l'âge de 64 ans, de s'empoisonner pour échapper aux Romains.

IV

DOMINATION ROMAINE

Après la ruine de Carthage, Rome, employant la politique de son ancienne rivale, favorisa également les chefs numides selon son intérêt, divisa entre eux le pouvoir et l'influence, maintint la zizanie à la faveur de laquelle, usant les forces des indigènes et paraissant se contenter du noble rôle de protectrice, elle augmenta insensiblement son pouvoir, étendit sa domination, livra la colonie à d'avides proconsuls, et l'enserra dans le réseau écrasant de son habile administration.

Micipsa, fils de Massinissa, embellit Cirtha et y attire une colonie de Grecs et d'Italiens. A sa mort (111), Jugurtha (1), son neveu, fait égorger Hiempsal et Adherbal, ses cousins, et s'empare de Cirtha par la famine. Il achète le pardon de son crime au sénat vénal. Mais ayant osé faire massacrer le jeune Massiva, dernier fils de Massinissa, il fut chassé de Rome, qu'il quitta, pleurant de ne pouvoir l'acheter. Pendant sept ans, il bat ou achète les généraux que Rome envoie contre lui.

En 110, le consul Albinus ayant laissé l'armée à son frère Aulus, celui-ci assiége Suthul, près de Guelma, se laisse attirer dans des lieux difficiles, où il est battu ; son armée passe sous le joug. En 109, Métellus bat Jugurtha près du fleuve Muthul; en 108, il s'empare de Vacca (Bedja, dont il massacre les habitants, puis il prend Cirtha. Jugurtha se retire à Tala, qui est prise par les Romains, puis à Gafsa (2), capitale des Gétules, qui tombe au pouvoir de Marius (3). En 104, le fier et rusé Jugurtha, attiré dans une embuscade par Bocchus, son beau-père et son allié, est livré à Sylla, questeur de Marius. La capture du Numide rendit Marius jaloux de Sylla. Après avoir été traîné dans

(1) Jugurtha. Célèbre par les luttes qu'il entreprit contre les Romains qu'il tint en échec pendant 13 ans. Il fut livré à Marius par Bocchus, son beau-père.

(2) Gafsa, anc. Capsa, sud-ouest de Tunis, à 240 kilom.

(3) Marius, Sylla, deux Romains qui, par leur compétition, commencèrent la décadence de leur patrie.

le triomphe du consul, Jugurtha mourut de faim dans son cachot. « Par Hercule, avait-il dit en descendant dans ce tombeau, les étuves des Romains sont bien froides! »

Bocchus donna à son fils Bogud la Mauritanie Tingitane, qui prit dès lors le nom de Bogudienne. Quant aux possessions de l'est, la Massésylie fut laissée à son autre fils Bocchus ; la Numidie fut partagée entre Hiempsal, arrière-petit-fils de Massinissa, et Hiarbas, neveu de Jugurtha. Secondé par Domitius, partisan de Marius, Hiarbas détrôna Hiempsal, mais il fut vaincu à son tour par Pompée, près d'Utique, puis assiégé dans Bulla, sa capitale (sur le Bagradas). Obligé de se rendre, il fut mis à mort (81 av. J.-C.).

Le fils d'Hiempsal, Juba, ayant été maltraité par Jules César, prit le parti de Pompée. Lorsque la guerre éclata entre ces deux Romains, il battit à 16 milles du Camp Cornélien (Porto-Farina) Curion, le lieutenant de César. Il en tira tant de gloire qu'il se crut supérieur aux Romains et écrasa de son insolent orgueil les Pompéiens, ses alliés; Caton (1) d'Utique fut le seul qui, par la force de son caractère et l'autorité de ses mâles vertus, sut résister à l'orgueil du barbare et faire respecter le nom romain.

---

(1) Caton. Nom de deux illustres Romains : l'un, le censeur (234 av. J.-C.) appelé à juger les griefs entre Carthage et Massinissa, jura la ruine de cette ville. Il était âpre et dur, mais ardent patriote et ennemi outré de l'injustice. L'autre Caton d'Utique, son arrière-petit-fils, se fit remarquer par la fermeté de ses principes et de son caractère. Après la défaite des Pompéiens à Thapsus, il ne voulut point survivre à la ruine de la République ni se soumettre à César, et se donna la mort.

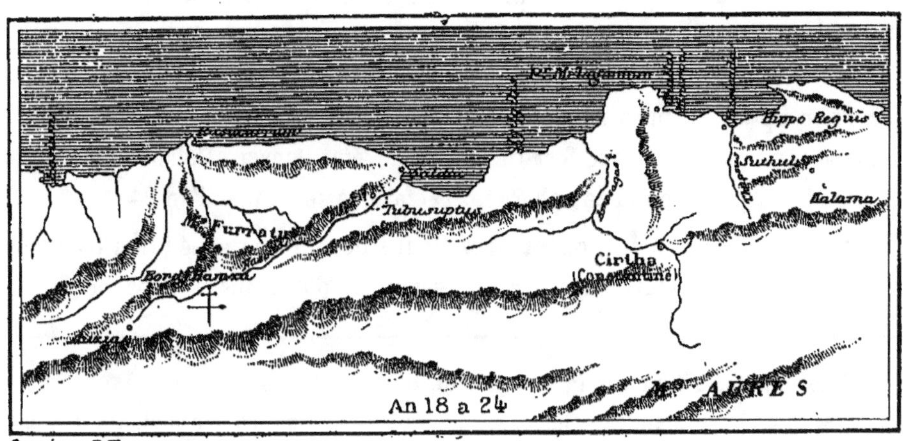

Gravé par R. Hausermann

V

RÉVOLTE DE TACFARINAS

L'an 49, Juba l'ancien vainquit Curion, lieutenant de César, à Bagradas (Porto-Farina); mais, trois ans après (46), Juba et les Pompéiens sont complètement vaincus à Thapsus par César lui-même. Déjà, en l'an 43 av. J.-C. (707 de Rome), Publius Sittus, lieutenant de César, avait détruit dans le port d'Hippone (Seybouse) la flotte pompéienne de Métellus Scipion. Juba, échappé au carnage, voulut rentrer dans Zama, sa capitale; mais les habitants refusèrent de le recevoir et se soumirent au vainqueur. Juba désespéré se donna la mort. César récompensa Bocchus en lui donnant la Numidie; le roi maure établit sa résidence à Iol (Cherchell). Après la mort de César, Antoine rendit la Numidie à Juba II, qui épousa Cléopâtre Sélène, fille de la fameuse Cléopâtre d'Egypte. En l'an 17, Auguste lui prend la Numidie (1), mais lui donne les deux Mauri-

(1) Les Romains tenaient à conserver sous leur administration directe le territoire de Carthage et près d'elle, formant un petit empire peu redoutable, la Numidie, ce grenier de Rome d'où nous vient encore le blé le plus beau et le plus abondant de l'Algérie.

tanies et le pays des Gétules. Juba II embellit Iol, qu'il nomme Julia Cæsarea. Ce prince est resté célèbre par ses talents et sa douceur; son peuple fut heureux sous son règne.

De 18 à 20 de notre ère, le Numide mercenaire Tacfarinas disciplina les Misulanes, peuplade puissante du nord de l'Aurès, s'allia aux Maures, vainquit une cohorte romaine près du fleuve Pagida, entre Cirtha et Igilgilis; il assiégea Tubusuptus (1), mais s'enfuit devant Dolabella et établit son camp près d'Auzia (Aumale), dans un fort retranché (le fort Hamza). Dolabella vint l'y surprendre. Après une lutte acharnée, Tacfarinas se fit tuer l'an 24.

Vers l'an 260 après J.-C., on est assez étonné de voir une expédition franque s'engager dans les Mauritanies après un séjour de douze ans en Espagne (2).

---

(1) Tubusuptus, Tiklat sur la rive gauche de l'oued Sahel.

(2) Les Kabyles prétendent que les Aïth-Fraoucen sont les descendants de ces Francs. Zozime, historien grec du ve siècle, dit qu'ils furent repoussés en 275 par les troupes de la Byzacène.

VI

RÉVOLTE DE FIRMUS

De 371 à 429.— Pendant le temps qui s'écoula depuis Auguste jusqu'en 429, la domination romaine s'établit progressivement, mais solidement sur la région du Tell (1). La Mauritanie et la Numidie étaient couvertes de magnifiques villes dont le soc de la charrue retrouve aujourd'hui les vestiges. Des ruines imposantes, des édifices encore debout, témoignent de la splendeur de ce pays, sous les empereurs romains et grecs. Il ne fallut rien moins que la désorganisation de Rome, les invasions des Vandales, les guerres intestines, les Arabes, pour détruire cette brillante colonie. On y comptait au moment de l'invasion des Vandales, en 489, 673 évêchés, tant en Mauritanie Césarienne, Tingitane Numidie, Mauritanie Sitifienne, Province Proconsulaire, qu'en Tripolitaine (2).

De 371 à 372, un nouvel aventurier, Firmus, soulève le pays entre Sétif et Cherchell, pille Julia Césarea et Tipaza, mais il est vaincu à Fundus Petrensis (vallée du Sebaou) par le comte Théodose, et fait rendre à l'impératrice Théodora tout le butin fait à Tipaza. Ce fut à Icosium que le rebelle envoya le fruit de ses pillages et qu'il en fit la restitution.

En 373, Firmus recommence la guerre, soulève les montagnards. Théodose le poursuit dans le mont Ancorarius ou Caraphi (Ouarensenis), mais il recule devant les difficultés du terrain et un ennemi insaisissable. L'année suivante, il frappe les alliés de Firmus, les Issafliens et les Jubaliens, et se cantonne à Auzia, puis à Castellum Medianum (Médéa). En 375, Igmazen, roi des Issafliens, tente de livrer Firmus à Théodose. L'Africain, préférant la mort à l'esclavage, se tue.

---

(1) Tell vient du mot latin *tellus* qui signifie terre cultivable.

(2) Morcelli, qui donne la liste de ces évêchés, en omet 60 dont on n'a pu encore retrouver la résidence.

Notons en passant que le titre d'évêque n'avait pas dans ce temps-là une aussi grande importance administrative, les diocèses religieux étant d'une moindre étendue que de nos jours.

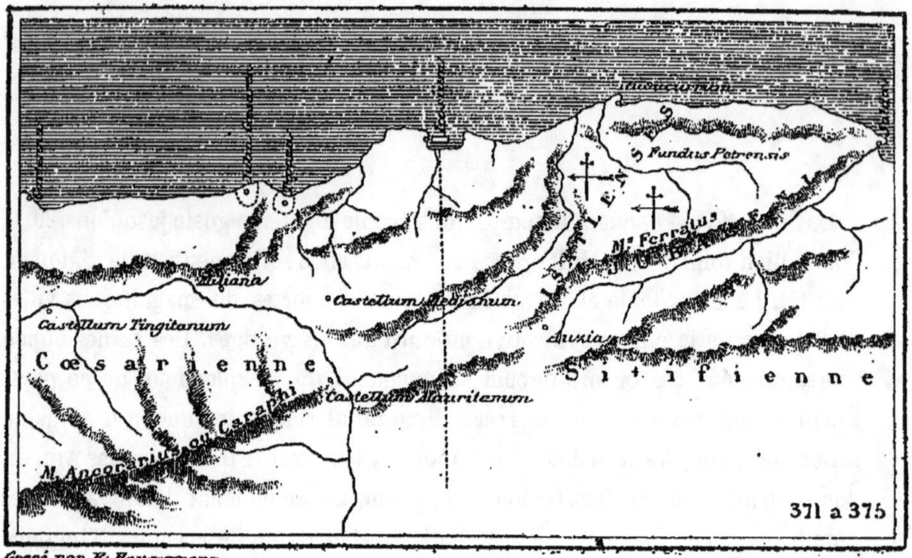

VII

LES VANDALES

430 à 537.—Les Vandales, peuplades féroces et pillardes de la rive gauche de la Vistule, qui, à la suite d'autres peuples barbares, envahirent l'empire en 406 et virent tomber 20,000 des leurs sous les coups des Francs lors de leur invasion en Gaule, se répandirent néanmoins en Espagne, dont le sud, l'Andalousie (1) a conservé leur nom, et passèrent en Mauritanie en 429, appelés par

(1) L'Andalousie tire son nom de Vandalousie, ou pays des Vandales. Il y a à peine quelques cents ans que Dellys s'appelait aussi Andalos, corruption du mot Vandale, facile à retrouver dans le mot Adellos, puis Dellos et enfin Dellys. N'oublions pas aussi que les Gouraïa de Cherchell et de Bougie signifient (*montagne*) en langage vandale. Ces deux ou trois noms et les ruines amoncelées sont les seuls témoins, mais témoins accablants, de la fureur destructive des envahisseurs. C'était bien un fléau destiné à châtier la corruption de Rome, mais c'était aussi un instrument indigne dont la férocité se substitua aux vices du grand vaincu.

BIBLIOTHÈQUE NATIONALE R.F.

le général Boniface, mécontent de Placidie, mère de l'empereur Valentinien III, et par les donatistes, qui troublaient les Mauritanies de leurs querelles religieuses.

Cette race destructrice, se faisant précéder par de doucereuses promesses, entraîna avec elle les peuplades refoulées dans les montagnes du sud, et ravagea impitoyablement et complétement les Mauritanies, sur les ruines desquelles leur chef Genséric se prit ensuite à pleurer ! Boniface comprit trop tard l'énorme faute qu'il avait commise; il voulut arrêter les progrès de ses hypocrites alliés, mais il fut battu à l'Ampsagas (O. Kebir et Rummel), assiégé dans Hippône qui, pendant quatorze mois, soutint l'effort des Vandales et finit par se rendre après la mort de son saint évêque, Augustin (430).

En 435, Valentinien III reconnut les conquêtes de Genséric par le traité d'Hippône. C'était affamer Rome, qui tirait de la Numidie de quoi nourrir sa population pendant six mois de l'année. Le vainqueur brisa ce traité en s'emparant de Carthage, et Valentinien conclut, en 442, un nouveau traité par lequel il abandonna à Genséric la Zeugitane, la Byzacène, l'Abaritane, la Gétulie et une partie de la Numidie. Il est aisé de comprendre, en comparant les cartes 3 et 6, que Valentinien abandonnait la politique de Rome qui avait toujours tenu loin d'elle ses puissants tributaires, ne souffrant aucun pouvoir rival près de ses côtes.

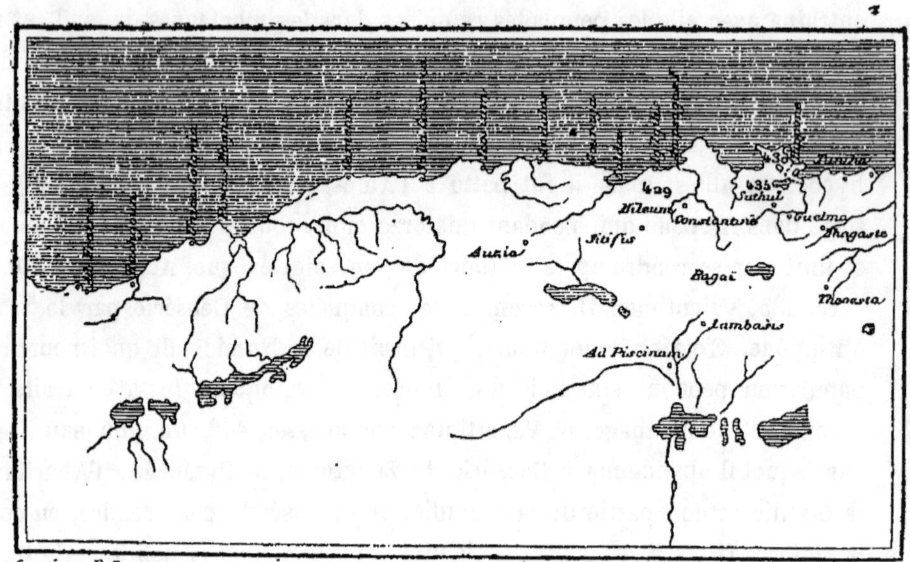

Gravé par R. Bausermann.

VIII

A la mort de Valentinien, Genséric s'empara des Mauritanies ; mais sous ses successeurs Hunéric, Gondamond, Trasamond et Hildéric, remarquables seulement par les persécutions qu'ils ordonnèrent, les Maures reprirent leur indépendance depuis Gadès jusqu'à l'Aurasius. Trasamond fut battu par le Maure Kabaon dans la Tripolitaine et Hildéric par Antalas, chef des Maures de la Byzacène.

En 537, Gélimer usurpe le commandement sur le faible Hildéric. Justinien, jaloux d'effacer le traité d'Hippône, envoie le célèbre Bélisaire contre le Vandale, qu'il bat à Décimum (1), puis à Médéos. Gélimer s'enfuit à Médéos,

---

(1) *Decimum*, ville située à 10 milles de Carthage. (Le mille ou 1,000 pas pieds valait 1,472 m. 50 ; 10 milles valaient donc 14 kil. 725.)

ville du mont Pappua (1). Bélisaire (2) arrive à Hippône, envoie contre Gélimer l'Hérule Fara qui le cerne. Pressé par la faim, Gélimer demande à son ancien compagnon d'armes une lyre, une éponge pour essuyer ses larmes et un morceau de pain. Il finit par se rendre. Justinien lui accorda un domaine en Galatie, où il mourut.

Ainsi finit une domination fondée sur la destruction. Cette race, incapable de rien établir, se prétendait, comme le trop fameux Attila, poussée par une force invisible, providentielle. Il ne nous appartient pas d'entrer ici dans de longues digressions; mais, laissant de côté ce qu'on appelle la corruption de Rome, corruption malheureusement réelle, il suffisait, pour détruire le trop grand empire romain, de l'avalanche innombrable de barbares qui fondit sur le sud de l'Europe, et du manque de discipline des légions composées en grande partie des frères de ces mêmes barbares accourus à la curée.

Dans les environs de Guelma sont les Chaouïa au teint clair, aux cheveux rouges et aux yeux bleus. Ce sont probablement des descendants des Vandales. Procope, secrétaire de Bélisaire, raconte qu'un assez grand nombre des Vandales envoyés à Constantinople pour servir dans les troupes de Justinien, s'emparèrent des navires qui les transportaient et revinrent de Lesbos au Péloponèse, puis dans les monts Aurès, en Mauritanie.

---

(1) *Pappua* est, dit-on, le mont Edough, près de Bône. Cependant cette montagne ne répond pas à la description de Procope. On n'y a pas trouvé non plus de ville ayant nom Médéos; plusieurs auteurs voudraient, non sans quelque fondement, placer ce mont dans les massifs qui s'étendent de Sétif à Djidjelli. Rien encore ne confirme aucune des deux opinions. Il semble cependant impossible que Gélimer se soit réfugié si près d'Hippône.

(2) Bélisaire (490-565 de notre ère), grand général de Justinien Ier. Un des plus habiles et des plus heureux généraux de l'antiquité.

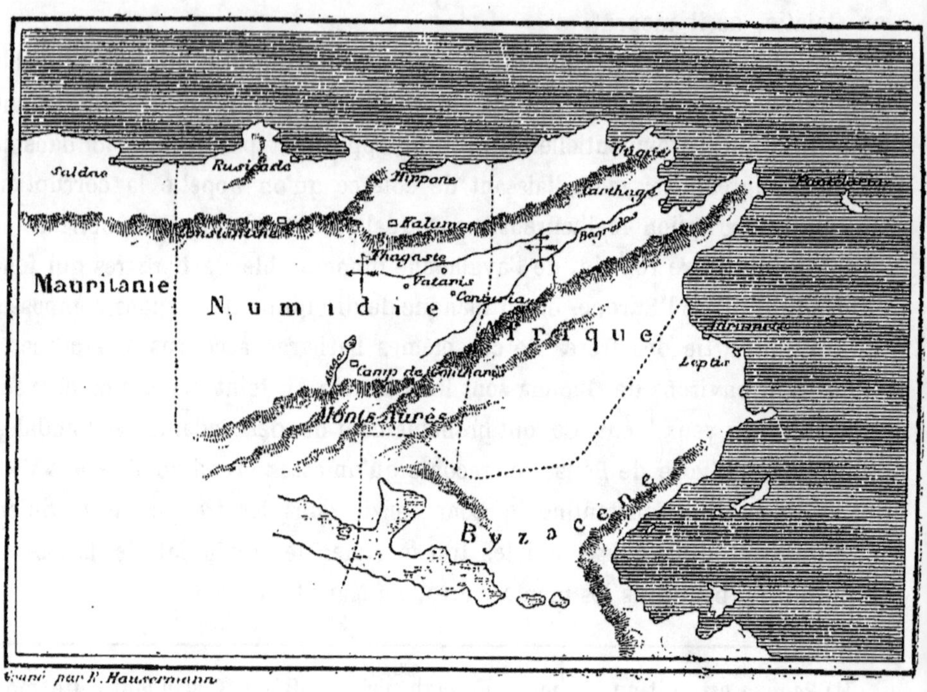

Gravé par E. Hausermann

IX

DOMINATION BYZANTINE

537-654. — Bélisaire laissa son lieutenant Solomon gouverner la nouvelle conquête. C'était un grand capitaine, mais avide et dur pour les peuples soumis. Dès que Bélisaire fut parti, Jaudas et Coutzinas, chefs maures, soulevèrent leurs tribus ; Antalas, chef des Maures de la Byzacène, resta fidèle à l'empire.

Battu à Centuries (Tifesch) par Althias, Jaudas s'empresse de rejoindre Coutzinas, qui fut, lui aussi, battu à Mamma et au mont Bourgaon par Solomon, qui poussa jusqu'à l'Aurès. L'année suivante, Bélisaire, revenu en Mauritanie, battit à Bagradas (Medjerda) Stotzas, soldat révolté, poussé par les

Vandales soumis et leur clergé (536). Le duc Marcellus, ayant voulu s'emparer du vaincu, fut tué à Gasaupala, ville située à deux journées de Cirtha. Le patrice Germain ayant remplacé Solomon tombé en défaveur, vainquit Stotzas à Vataris (ouest de Souk-Ahras). Mais Solomon, rentré en grâce, remplace le neveu de l'empereur et poursuit avec ardeur les Maures jusque dans l'Aurès (539) (1).

Iaudas qui, à la bataille de Vataris ou Scalæ Veteres, s'était tourné contre Stotzas, ne fut pas épargné ; Solomon lui enleva Zerbulle, Thumar et le château de Gemianum, dans les monts Aurès.

---

(1) Dans sa première expédition contre l'Aurès, un des lieutenants de Solomon, Gontharis, faillit périr avec son armée, les Maures ayant dirigé sur son camp toutes les eaux de l'Abiga, qu'ils avaient coutume de détourner pour leurs cultures.

X

Cependant, les neveux de Solomon, Sergius et Cyrus, gouverneurs de la Tripolitaine, ayant fait massacrer quatre-vingts chefs maures venus sur parole à Leptis, les soulèvements recommencèrent. Solomon s'avança contre les Maures, commandés par Antalas; il les atteignit à Theveste (Tebessa); mais, mal secondé par ses soldats, il fut battu et tué. Son neveu Sergius, nommé gouverneur, ne put réduire les insurgés; cette gloire était réservée à Jean Troglita, qui vainquit les Maures réunis au camp d'Antoine, dans la Byzacène; il les poursuivit jusque dans le désert, mais il dut revenir sur ses pas, faute d'eau et de vivres. Il les attaqua plus tard, au camp de Caton, et les défit complétement (548) (Vinci.)

Sous Justin, les soulèvements continuèrent; Gennadius, vice-roi d'Afrique, défit Gasmul, chef des Maures, et le tua en combat singulier. Ce même Gasmul avait étendu sa conquête jusqu'au littoral et avait tenté une expédition en Gaule d'où les Francs le repoussèrent.

Suinthila, roi des Goths d'Espagne, s'empara de plusieurs villes de la côte mauritanienne et y établit un comté (621-631).

La domination byzantine touchait à sa fin; les guerres civiles et les invasions barbares avaient brisé le sceptre des empereurs (1).

---

(1) On s'étonne de la facilité avec laquelle certains peuples se laissent subjuguer. Tenons compte cependant de ce qu'étaient les peuples d'alors : les Athéniens et les Spartiates, deux peuples de deux grandes villes seulement, n'existaient plus depuis des siècles; le peuple de Rome avait lui aussi disparu. Que restait-il donc, sinon un mélange confus de toutes races? Les Germains, Goths, Wisigoths, Francs, Vandales, etc., etc., avaient les charges, commandaient les armées, se couvraient parfois de la pourpre. Il n'y avait plus de Romains dans Rome. Quant aux malheureux peuples de la Mauritanie, ils étaient ce qu'ils sont encore par moments : des peuplades fanatiques, au sang chaud, suivant avec ardeur le premier audacieux qui leur promet un bien-être passager, mais incapables par elles-mêmes de jamais rien constituer.

XI

DOMINATION ARABE

Les Carthaginois n'avaient guère fait sentir leur influence que dans le périmètre étroit de leurs *emporia;* les Romains protégèrent solidement leurs colonies en occupant tous les points stratégiques et en lançant jusque dans les oasis du Sahara algérien leurs postes avancés. Le joug fut dur pour les indigènes, il ne le fut pas moins sous les Vandales ni sous les Byzantins; aussi les nouveaux conquérants, les Arabes, eurent-ils peu de peine à s'établir, dès qu'ils promirent de respecter la croyance des populations.

Mahomet (1) arrivait dans un moment où l'empire d'Orient était déchiré au dedans par les querelles théologiques, au dehors par les Persans. Il sut réunir dans une aspiration commune les Arabes des diverses sectes, ces hommes qui, d'après Élien (2), ne touchaient jamais la charrue, ne soignaient

(1) Mahomet, fondateur de la religion musulmane, né à la Mecque, en 569.
(2) Élien, écrivain grec du troisième siècle.

aucun arbre, ne demandaient à la terre nulle subsistance. Que ne pouvait-on faire avec de telles gens incapables de travail, mais enthousiastes!...

Le successeur du prophète, Abou-Bekr, réunissant dans un même élan ces peuplades énergiques, les jeta toutes sur tous ses ennemis à la fois. L'Empire et l'Égypte engourdis furent surpris; la Berbérie résista cependant avec opiniâtreté ; l'Espagne fut d'une conquête facile, la trahison de Julien perdit les Goths de la Péninsule.

Sans les Arabes, les Berbères et les Maures secouant le joug des Byzantins auraient peut-être pu se relever ; mais, dès que les nouveaux conquérants eurent fait miroiter à leurs yeux des butins faciles, une communauté d'origine, ils cessèrent de résister, et pris d'une folie destructive, ils rivalisèrent avec les Arabes pour détruire tout ce que le génie latin avait créé.

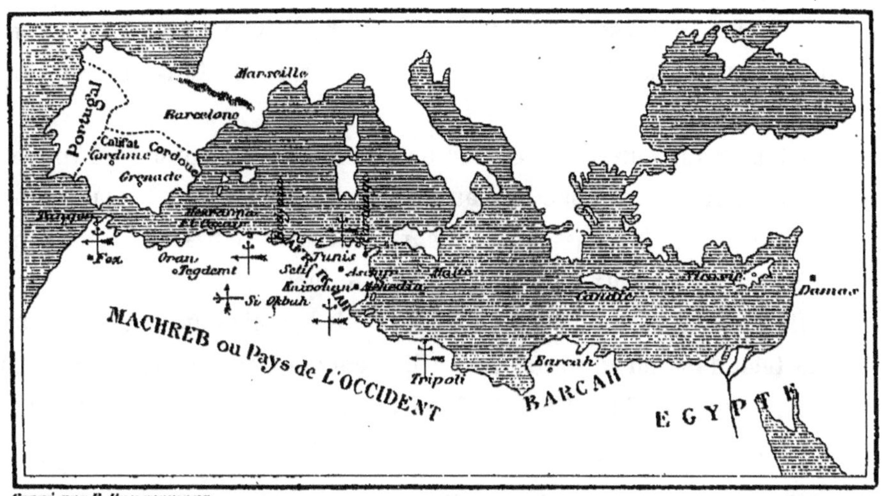

Gravé par E. Hausermann.

XII

Dès sa naissance, le mahométisme faillit être étouffé par les dissensions élevées entre les chefs ; ce qui le sauva, ce fut le désir ardent des sectaires de marcher de conquête en conquête, de pillage en pillage. Ces sortes d'invasions ont toujours réussi ; l'envahisseur, n'ayant rien à perdre, est soigneusement maintenu dans un état d'exaltation par le chef qui lui montre constamment un nouveau but à atteindre.

642. — Omar brûle la bibliothèque d'Alexandrie (1) ; pendant six mois les bains de la ville sont chauffés par les écrits des savants. Il meurt enfin, et son successeur Abdallah, poursuivant la conquête, s'empare de Tripoli, bat et tue le patrice Grégoire, auprès duquel combattit sa belle et valeureuse fille. Les populations effrayées se soumettent, et Abdallah, épuisé par ses victoires, retourne en toute hâte en Égypte.

(1) Cette bibliothèque n'était pas le fameux Serapeum, brûlé depuis longtemps auparavant, mais celle au sujet de laquelle Omar répondit à son lieutenant Amrou : que le Coran tenait lieu de tous livres.

654. — Oukbah-ben-Nafy, surnommé le vainqueur de l'Afrique (1), soumet la Byzacène, fonde Kaïrouan, puis s'empare de Bougie, Tanger, et pousse son cheval dans l'Océan. Il avait suivi les vallées où il était sûr de trouver un appui chez les Maures, ennemis des Grecs qui possédaient encore tout le littoral. Cependant les Berbères joignant leurs forces à une armée byzantine attaquent Oukbah qui est vaincu et tué (2) (an 63 de l'hégire — 682 de l'ère chrétienne). Koucila, le chef de ces Berbères, reprend Kaïrouan, et s'y établit.

695. — Treize ans plus tard, Hassan bat les Berbères, reprend Kaïrouan, s'empare de Carthage : Koucila étant mort, la devineresse Dania-Kahina continue la lutte, elle bat Hassan et le poursuit jusqu'à Gabès. Cinq ans plus tard, l'Arabe plus heureux envahit l'Aurès; Kahina (3) marche à sa rencontre, elle est battue et mise à mort. Ses fils soumis furent envoyés au Maroc à la tête d'un corps de Berbères; ils contribuèrent puissamment à la conquête de l'Espagne (711). En 754, Ben Restan établit le siége de son commandement à Tekdemt, sur les ruines d'une cité romaine.

---

(1) On appelait encore Afrique l'ancien territoire de Carthage.

(2) Oukbah fut tué à Taouda ou Thouda, près de l'oasis de Sidi Okbah ou Oukbak dans les Zibans.

(3) Dans cette lutte, Kahina s'empara de Constantine tombée au pouvoir des Arabes.

XIII

DOMINATION BERBÈRE. — TASCHEFIN

Les schismes religieux, le désir d'indépendance poussèrent les Berbères à se choisir des chefs nationaux. Ils s'emparèrent encore de Kaïrouan que Djafar-el-Mansour, second khalife abbasside, leur enleva en 772. Ibrahim-Aghlab, que Haroun-al-Raschid appelait le Grand, soumit les Berbères et se déclara, à son tour, indépendant (800).

1001. — Le Maghreb était partagé en deux parties vers Alger (Mezranna): en État de l'Ouest soumis aux khalifes de Cordoue, et État de l'Est soumis aux khalifes du Caire (1). Le gouverneur de l'Est, un Berbère, s'étant soulevé, le khalife du Caire fit un appel aux croyants. 50,000 Arabes se ruèrent sur Kaïrouan, le détruisirent de fond en comble après avoir mis le gouverneur à mort. En 1026, Abd-Allah ben Iasim, marabout de Suz (2), réunit sous son commandement les populations berbères et attaqua les Musulmans. Son successeur, Joussef Taschefin, continua son œuvre, fonda la ville d'Agmat (Maroc) et étendit sa domination jusqu'à Mezranna, puis jusqu'à Bougie et Tunis.

Les mêmes causes qui avaient aidé les Arabes dans leur conquête, les dissensions des Byzantins, aidèrent les Berbères qui profitèrent de la rivalité des chefs arabes. L'Espagne était divisée en une multitude de petits États, et

---

(1) Ziri ou Zeiri, de la tribu berbère des Senhadja, commandait le Maghreb pour le khalife de Cordoue: il fixa sa résidence à Achir, au sud de Bougie, entre Zamoura et les Zibans; Ben Ziri, son fils, s'empara de Tlemcen dont il transporta les habitants à Achir.

Dans la guerre qui eut lieu entre les khalifes de Kaïrouan et ceux de Cordoue, Mouez, le plus magnifique des chefs berbères, fut battu par le khalife de Kaïrouan.

1270. Sous le commandement d'El-Fadhel, saint Louis meurt à Tunis. Fadhel était fils d'un pauvre tailleur de Msila qui se faisait passer pour le fils d'Abou-abd-Allah, l'Almohade vaincu dans les plaines de Tolosa, 1212.

(2) Sus ou Suz, partie du Maroc.

l'Orient était menacé par les formidables invasions chrétiennes, les croisades (1086). Taschefin, appelé par les Musulmans d'Espagne, fit, dit-on, jeter un pont sur le détroit de Gibraltar pour faire passer la cavalerie. Ce qui est plus vrai, c'est qu'en 1087 il vainquit Alphonse de Navarre et Sanche d'Aragon à Zalaca, et prit pour lui toutes les possessions des Musulmans d'Espagne.

XIV

L'émir Taschefin mourut à l'âge de cent ans. Son fils Ali ben Joussef ne put défendre l'empire que son père lui avait laissé, contre les attaques des Almohades. Le dernier des Almoravides, Taschefin ben Ali, vaincu près de Tlemcen, regagna Oran, d'où il voulut se rendre à Alméria, dernière ville qui lui était restée fidèle. Mais étant sorti de nuit sur sa jument Rihhana tenant en croupe Haziza, son épouse, il roula dans un précipice et y perdit la vie. Abd-el-Moumen, l'Iman Almohade, s'empara de tout le Maghreb jusqu'au désert de Barka; Maroc, Tlemcen, Tunis furent pillés et leurs populations massacrées.

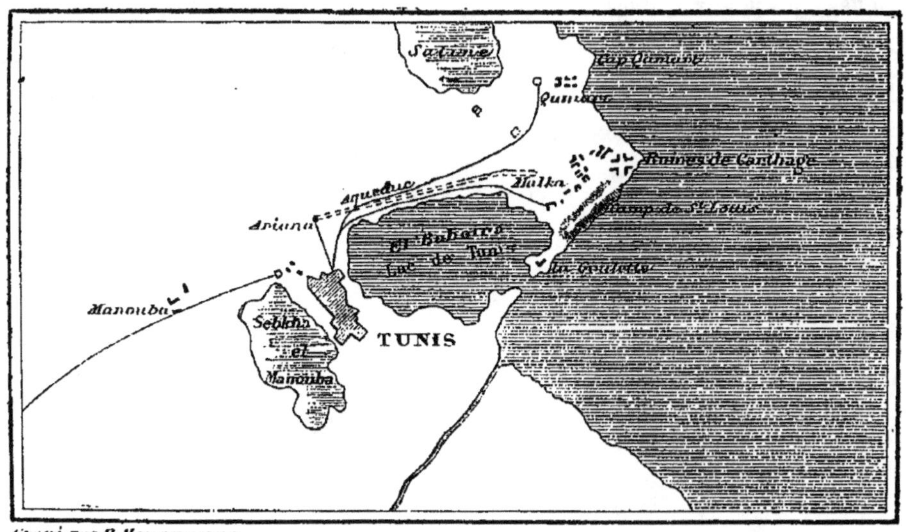

Gravé par E. Hausermann

SAINT LOUIS

En 1270, Louis IX entreprit la huitième croisade qui fut dirigée contre Tunis. L'armée débarqua sous les murs de la vieille Carthage qui fut prise d'assaut et abrita une partie des troupes.

Cependant les chaleurs, les fatigues incessantes occasionnées par des combats continuels, épuisaient l'armée qui attendait avec impatience les secours promis par Charles d'Anjou, frère du roi.

La peste se mit dans l'armée et y fit d'affreux ravages ; elle emporta le roi qui mourut après avoir donné le plus éclatant témoignage d'intrépidité et d'héroïque résignation. A peine était-il mort que Charles d'Anjou arriva avec les secours promis; mais il était trop tard pour frapper un grand coup.

Les Français, qui avaient supporté avec courage les maux partagés par leur saint roi, regrettèrent de n'avoir pas pris le chemin de la Palestine et demandèrent à retourner dans leur patrie. Le nouveau roi, Philippe III, ne songeait lui-même qu'à ceindre la couronne; on négocia donc avec le roi de Tunis, El-Mostancer, qui rendit les captifs chrétiens, ouvrit ses ports au commerce des Français et promit de payer annuellement 20,000 onces d'or au roi de Navarre. Ce fut la dernière croisade.

« Là, dit M. Ch. Lavallée, depuis les croisades, tout est encore français dans ces lieux abreuvés du sang de nos pères ; mers, villes, montagnes, ruines, jusqu'aux sables du désert, sont pleins des traditions de notre gloire; partout où un pan de muraille, un débris de monument peut se faire jour à travers les ronces de la solitude, on y voit des armoiries, un nom, quelque chose de la France. »

Gravé par R. Hausermann

XV

RAPPORTS ENTRE LES MAURES ET LES ÉTATS EUROPÉENS

C'est sous les Zirites que les peuples chrétiens, après avoir ou maintenu, ou refoulé l'invasion arabe, viennent à leur tour porter la guerre dans le Maghreb (1).

Sous les Aghlabites, les Musulmans tenaient en leur pouvoir Marseille, Avignon, Arles, Fréjus, Fraxinet. En 968, l'empereur Othon Ier essaye en vain de les chasser. En 1060, après avoir expulsé les Arabes de l'Italie et de la Sicile, les Normands les attaquent en Afrique. — 1035. Les Pisans ravagent la côte, de Tunis à Bone. — 1085. Le pape Victor III organise une croisade qui saccage Méhédia (2). — 1134. Roger de Sicile vient au secours de Méhédia où règne Hassan, son allié, et bat les Bougiotes qui l'attaquaient. Ce même

(1) Les Musulmans d'Espagne qui se réfugièrent dans le Maghreb furent assez mal reçus par leurs coreligionnaires qui redoutaient leur astuce. Ils se fixèrent généralement sur le littoral, et, faute de terres, se livrèrent à la piraterie. La haine qu'ils portaient aux chrétiens, aux Espagnols surtout qui n'avaient eu nul ménagement à leur égard, les rendit tellement redoutables qu'ils furent bientôt en faveur dans les guerres que le mahométisme livra aux chrétiens.

(2) Méhédia, ville de Tunisie.

Roger s'empare de Djidjelli et de l'île de Kerkena (1) en 1146 et fonde un Etat chrétien en Numidie.

A cette époque, Oran et tous les ports de la côte faisaient un grand commerce avec Marseille et l'Italie. En 1284, Roger s'empare de Loria et peu après de l'île Djerba. En 1382, la France, l'Espagne et le Portugal essayent d'arrêter les progrès des pirates en s'emparant des principaux points du littoral. Pierre d'Aragon prend Collo.— 1390. Le duc de Bourbon assiége Méhédia. — 1505. Diego de Cordoue s'empare de Mers-el-Kebir. — 1506. Ximénès (2) s'empare d'Oran. — 1510. Pierre de Navarre prend Bougie, Alger ; Dellys, Tlemcen, Mostaganem étaient tributaires de l'Espagne; il fit construire le Peñon (3) d'Alger pour tenir la piraterie en respect.

(1) Kerkena, ancienne Cercina, île à 15 kilomètres de la frontière tunisienne.

(2) Ximénès, de Cisnéros, fut le Richelieu de L'espagne. Il ne parvint aux hautes dignités qu'à l'âge de 56 ans. Il fut très-utile à Ferdinand le Catholique qui ne l'aimait pas. Le grand inquisiteur entreprit la conquête d'Oran qu'il paya de ses propres deniers et la mena à bonne fin, quoique le roi « désirât être débarrassé du bonhomme.» Le jeune Charles-Quint le relégua dans son diocèse de Tolède pour le récompenser de son patriotisme.

(3) Peñon (de l'espagnol, roc), îlot uni à la terre par la jetée de Kair-ed-din (phare d'Alger).

XVI

DOMINATION TURQUE

1514. Deux pirates, les frères Barberousse (1) (Khair-ed-din et Haroudj) s'étaient fait une grande réputation par leur hardiesse, lorsqu'en 1514 quittant leur repaire, l'île Djerba, ils enlèvent Djidjelli aux Génois et se donnent politiquement un protecteur puissant dans le sultan de Stamboul auquel ils font hommage de leur conquête. En 1515, ils assiégent Bougie; mais Haroudj y perd un bras ainsi que ses vaisseaux ensablés dans l'oued Soummam; il est contraint de les brûler. 1516, Salem ben Toumi, chef des Beni-Mezghanna d'El-Djezaïr (Alger), appelle les deux frères contre les Espagnols qui occupent le Peñon. Aroudj, après des efforts infructueux contre ce rocher fortifié, fait donner les principaux emplois d'Alger à ses Turcs, s'empare de Toumi, le

(1) Barberousse (Baba Haroudj), célèbre corsaire originaire de Métélin (1474-1516), soumit le Tell à la domination turque et fut tué par les Espagnols près du Rio-Salado (Oran).

pend à la porte Bab-Azoun et se fait proclamer roi d'Alger et vassal du sultan. Cependant une conspiration se forme. Aroudj profite de la prière du vendredi qui a réuni les conjurés dans la mosquée, il les saisit et les fait mettre à mort.

Diego de Vero, appelé par le sultan de Tanger et par le fils de Ben Toumi (Tutemi), débarque à Hussein-Dey, divise ses 8,000 hommes en quatre corps et se fait battre. Les Arabes de la Mitidja qui devaient lui donner des secours ayant manqué à leurs promesses, il se rembarque. Khair-ed-din établit sa résidence à Dellys. Haroudj bat les Arabes de la Mitidja à l'oued Djer, soumet tout le pays, bat Bou-Hammou, roi de Tlemcen, près d'Oran, et s'empare de Tlemcen.

XVII

Martin Argote, privé de vivres par la prise de Tlemcen, marche sur Kala, forteresse située sur la route de Tlemcen à Alger, s'en empare et massacre la garnison. Une nouvelle armée espagnole débarque à la Tafna, se joint à Hammou, entre dans Tlemcen et s'empare de la forteresse après vingt-six jours de siége. Haroudj s'enfuit avec ses Turcs; il est poursuivi par les Espagnols, quoiqu'il tente de les arrêter en semant ses trésors sur la route. Atteint près du Rio-Salado, il se retranche dans des ruines et y périt (1518). Peu après, dans la même année, Hugues de Moncade, vice-roi de Sicile, conduit une armée contre Alger; les pillages de ses troupes ayant indisposé contre lui les Tlemcéniens, il dut se rembarquer faute de secours. Au moment de l'embarquement, il est attaqué, sa flotte est dispersée par la tempête.

Khair-ed-din s'empare du pouvoir, et pour assurer son autorité comme pour être libre dans ses expéditions de pirate, il cherche à se rendre maître du Peñon. Il se fraye un passage en faisant combler la faible distance qui séparait la côte du Peñon par les captifs chrétiens; puis, après quinze jours d'une vive canonnade, il démantelle le fort, s'en empare et fait mettre à mort Martin de Vargas, l'héroïque commandant qui seul était resté debout, 1530.

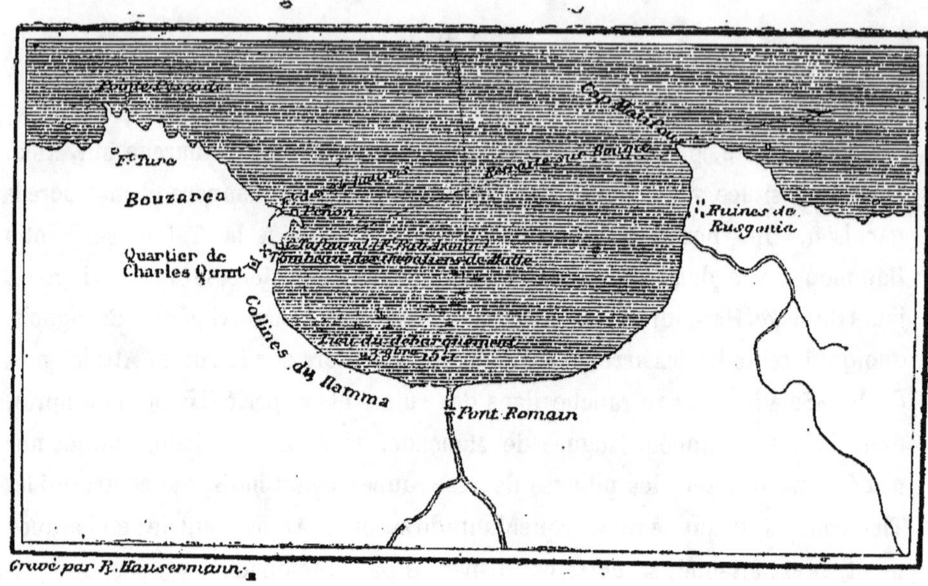

Gravé par R. Hausermann.

XVIII

En 1531, André Doria débarque à Cherchell; ses soldats se débandent pour piller, ils sont massacrés. En 1541, Charles-Quint, voulant en finir avec la piraterie, s'avance contre Alger avec une flotte de 65 galères, 451 navires de transport et 34,480 soldats parmi lesquels 150 chevaliers de Malte, Fernand Cortès, André Doria et d'autres célèbres capitaines de l'époque.

Le 23 octobre, l'empereur débarque à l'Harrach, campe au Hamma, dispose ses batteries sur les hauteurs; mais, avant que ses canons eussent été débarqués, une effroyable tempête brise la flotte: l'armée, attaquée au milieu du désordre, repousse néanmoins les Arabes. Ponce de Balaguer, chevalier de Malte, enfonce son poignard dans la porte d'Azoun; mais le brouillard, la pluie, le manque de munitions forcent les Espagnols à se retirer.

150 navires furent brisés sur la plage ou contre les rochers sur lesquels s'élevaient les murs de la ville, et, avec ces navires, étaient perdus les gros canons et le matériel de siége. Il fallut penser à la retraite. Doria rallie les

restes de la flotte à Matifou. L'armée gagna le cap en suivant la côte, sans cesse harcelée par les Turcs ou les Arabes de la plaine. Le chef kabyle (1) qui avait envoyé à Charles-Quint mille indigènes, vit son petit corps massacré. Il revint en toute hâte à Bougie, où l'escadre relâcha et se ravitailla. Hassan, agha de l'Odjak, étend sa domination jusqu'à Biskra, pendant que Khair-ed-din menace l'embouchure du Tibre. Après avoir porté la désolation sur les côtes d'Italie et d'Espagne, il va mourir à Constantinople (1547), à l'âge de quatre-vingts ans. Son fils, Hassan agha, est nommé chef de l'Odjak. Ce pacha entretient soigneusement la rivalité entre Kouko et Callah (villes kabyles); il s'empare de Tlemcen qu'il érige en beylik. Ce pacha embellit Alger : c'est de cette époque que datent les plus belles maisons mauresques de cette ville.

---

(1) Roi de Kouko, ville de Kabylie.

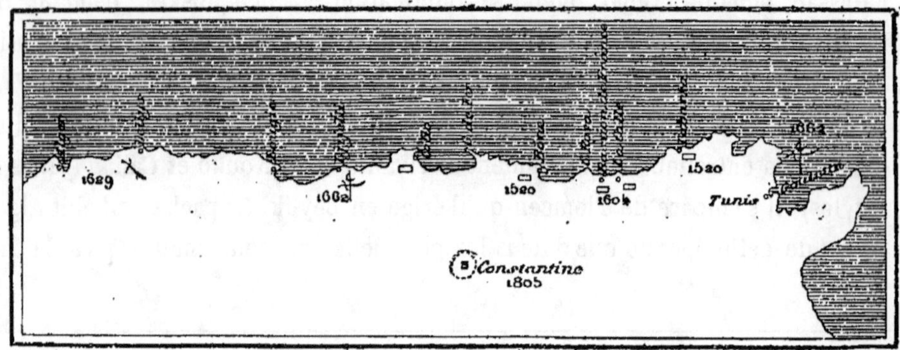

Gravé par R Hausermann

XIX

Sala Raïs, successeur d'Hassan agha, voulant punir le cheik de Touggourt qui refusait de payer l'impôt aux Turcs, s'empare de cette localité, après vingt jours de marche pénible, et passe la population au fil de l'épée. Ouargla épouvantée s'empresse de se soumettre. En juin 1555, Alphonse de Péralta, avec 500 hommes, défend Bougie contre Sala Raïs qui l'attaquait avec tous ses Turcs et 30,000 Arabes. Péralta, à bout de ressources, se rend ; il est envoyé en Espagne avec vingt des héroïques défenseurs. Un conseil de guerre le condamne à mort pour s'être rendu. Sala Raïs, mourant, désigne pour son successeur le renégat génois Yahia ; mais le Corse Hassan usurpe la place. Il investit Oran, les Espagnols le repoussent. Hassan pacha le remplace : ce fils de Khair-ed-din se porte au secours de Mostaganem qu'attaquait le comte Alcaudète.

Pendant ce temps, Dragut est assiégé dans Méhédia par Doria (1), qui s'en empare. Dragut se venge en saccageant Tripoli.

(1) Doria (André), célèbre marin du seizième siècle, servit tantôt la France, tantôt l'Espagne, selon que la politique de ces deux nations était favorable à Gênes, sa patrie, qu'il finit par délivrer de l'occupation française. Il refusa d'en être le doge ; aussi, en récompense de ses services, ses concitoyens lui élevèrent une statue avec ces mots : « *Au père de la patrie !* » Ce marin commandait l'escadre que Charles-Quint amena contre Alger en 1541.

Quant au comte Alcaudète, compromis avec peu de monde au milieu de populations ennemies, il ne put résister au choc des Turcs et mourut dans l'action. Hassan bat ensuite Abd-el-Aziz, cheik de Callah; puis il est renversé par les janissaires, qui mettent à sa place le sultan Soliman. Sous ce dernier, le fils du comte Alcaudète, Martin de Cordoue, défend héroïquement Mers-el-Kébir. Ce fut en 1565 que, de concert avec les Turcs, Dragut assiége Malte. Après une résistance opiniâtre, dans laquelle périssent le chevalier de Médréan et l'assiégeant Dragut, Soliman, déconcerté, abandonne le siége. Déposé, puis rétabli, Soliman est encore renversé et remplacé par le Corse Ali-Fortas-Kilidj, le plus habile marin depuis Haroudj.

XX

Ali Fortas, pour se maintenir, commença une vie de courses hardies et aventureuses : il attaqua la Goulette, mais en fut repoussé. Il prit cependant Nicosie. C'est à cette époque, le 7 octobre 1571, que les Turcs essuyèrent la formidable défaite de Lépante. Fortas Kilidj échappa avec la flotte algérienne et tint la mer pendant que son lieutenant Mauri gouvernait Alger.

Les fastes de l'esclavage comptent Michel Cervantès, qui demeura dans la régence de 1575 à 1581. Dès 1520, des négociants provençaux obtinrent des tribus de la Mazoule le droit de la pêche du corail, depuis Bône à Tabarque. Sous Charles IX, Sélim II accorde à la France les ports de Malfacarel, La Calle Collo, cap Rosa, Bône. En 1604, construction du bastion de France.

1624-1628. Traité de Richelieu qui confirme ces dispositions.

1626. Les Koulouglis, Algériens nés d'un père turc et d'une mère africaine, parvinrent à occuper les principaux emplois. Les janissaires, jaloux, les expulsèrent et en firent jeter un grand nombre à la mer. Quelque temps après, 200 de ces proscrits reviennent, ils y sont jetés à leur tour. En 1629, les Koulouglis entrent en ville, s'emparent de la Kasbah, et y soutiennent un siége ; mais, sur le point de tomber au pouvoir de leurs ennemis, ils font sauter la forteresse et s'ensevelissent avec leurs ennemis sous ses ruines fumantes. 500 maisons d'Alger croulèrent par suite de la secousse.

En 1662, le duc de Beaufort bat plusieurs fois les corsaires, s'empare de Djidjelli, y construit le fort des Français ; il abandonne sa conquête faute d'esprit de suite, se dirige sur la Goulette, où il brûle la flotte algérienne.

Ali agha, qui commandait alors Alger, fut massacré. Ses successeurs portèrent le nom de dey qui signifie chef de la milice (1666).

OCCUPATION FRANÇAISE

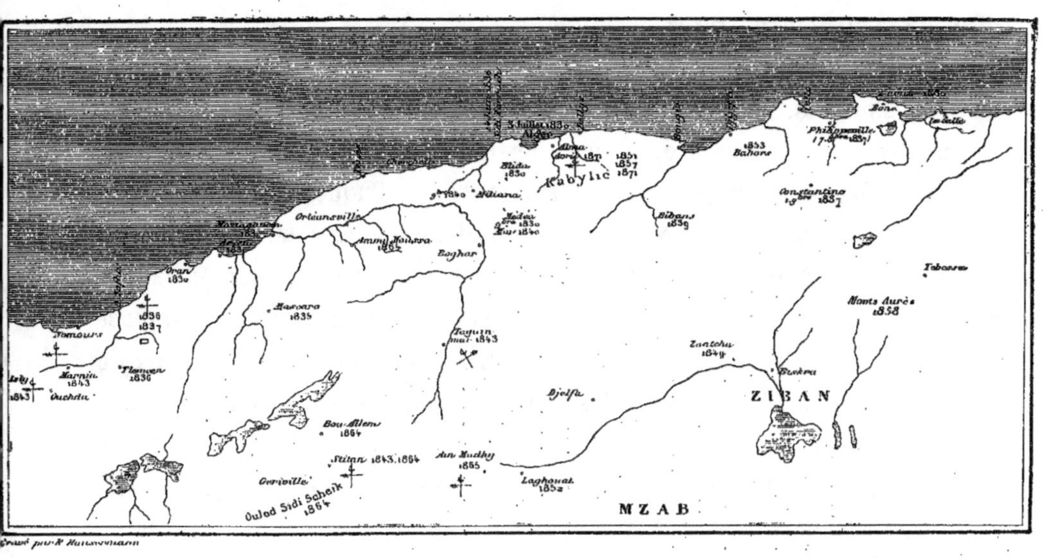

Gravé par R. Hausermann

XXI

Après dix ans de commandement, Mohammed Trick, redoutant sa milice, s'enfuit à Tripoli; Hassan, son gendre, le remplace. Celui-ci équipe une flotte, et faisant venir le consul de France, lui montre ses préparatifs et lui dit : « *Malheur à ton maître !* » L'Angleterre comprenant que la guerre était imminente, favorise les corsaires en leur abandonnant 300 bâtiments capturés et tous ses prisonniers turcs.

Malgré tout, Duquesne (1), avec 11 vaisseaux, 15 galères, 5 galiotes à bombes, 2 brûlots, bombarde la ville à deux reprises, 1682 et 1683. Les captifs sont rendus. Mezzomorte, amiral algérien, est livré; mais Baba-Hassan fait des difficultés pour payer 1,500,000 francs que Duquesne réclame. Mezzomorte obtient de l'amiral français l'autorisation d'aller à terre pour presser l'exécution de la convention: il poignarde le dey, prend sa place et fait recommencer le feu. Le père Levacher, consul de France, et vingt autres, placés à la gueule des canons, sont mis à mort. L'escadre continue le bombardement. Mais il fallut bientôt se retirer faute de bombes. La paix fut signée en 1684. Quatre ans après, les corsaires ayant recommencé leurs courses, le maréchal d'Estrées (2) bombarde Alger. Mezzomorte se venge sur les prisonniers. En 1690, Mezzomorte craignant pour sa vie, s'enfuit d'Alger. Son successeur Chaaban entreprend une expédition contre le Maroc et Tunis; à son retour, il est étranglé par sa féroce milice. C'était le sort généralement réservé aux deys. En 1707, Pectache-Cogea attaque Oran et s'en empare par la trahison et par la famine.

---

(1) Duquesne, une de nos grandes gloires militaires, naquit à Dieppe, en 1650, mourut à Paris en 1680, employa contre Alger les galiotes à bombes, se distingua dans tous les combats navals de son temps.

(2) D'Estrées (Victor), vice-amiral, commanda les flottes de Louis XIV et de Philippe V; homme remarquable par son caractère et son savoir; il bombarda Alger en 1688.

XXII

Sous Ali-Chiaoux, le dey porte aussi le titre de Pacha, concentrant ainsi le pouvoir civil et militaire. En 1732, Philippe V envoie le comte Montemar reconquérir Oran; l'armée débarque au cap Falcon. Après un premier engagement, elle pénètre dans la ville. Cependant les Turcs, lors de leur conquête d'Oran, avaient refoulé les tribus amies des Espagnols; quand ceux-ci reprirent Oran, ils ne purent que fort difficilement se procurer des vivres; il fallait tout tirer de l'Espagne, la conquête devint une lourde charge. Bou-Chelagme (le père de la moustache), bey de Mascara, fixe sa résidence à Mostaganem.

1775. — L'Irlandais O'Reilly envoyé par Charles III d'Espagne débarque à l'Harrach; les contingents de Médéa (Titery) et Mascara, joints aux Algériens, battent les Espagnols. O'Reilly se rembarque, abandonnant son matériel, ses blessés, ses malades (son armée comptait 47 bâtiments de guerre, 344 de transport, 21,000 fantassins, 1,100 cavaliers, 100 pièces de canon).

1791.—L'Espagne profite des malheurs occasionnés par un tremblement de terre pour évacuer Oran et Mers-el-Kebir — 1791, Taité de commerce entre Baba-Mohammed, puis son fils Baba-Hassan et la République française. — Nouveau traité en 1802 entre Mustapha-Dey et Bonaparte, premier consul. — 1805. Mustapha tué par la milice est remplacé par Ahmed-Kodja. La même année, Hadj-Mohammed-ben-Arach assiége Constantine. Les Turcs sont chassés de Tlemcen qu'ils reprennent bientôt. Kodja est étranglé; Hadj-Ali lui succède, Ce dernier est tué dans un bain le 22 mars 1815. — 26 août 1816. Lord Exmouth, à la tête d'une flotte anglaise et hollandaise, bombarde Alger. Omar-Pacha est étranglé par ses janissaires qui élisent Ali-Kodja. Celui-ci, pour éviter un sort semblable, s'enferme dans la Kasbah où il meurt de la peste.— 1818. Hussein-Dey, nommé à sa place, imite son prudent exemple. Il n'en sortit que lorsque la Régence tomba devant la formidable expédition de la France. Il avait commandé pendant douze ans.

XXIII

DOMINATION FRANÇAISE

C'était une honte pour notre siècle et pour les nations européennes que de laisser subsister sur les côtes de la Méditerranée un État constamment en anarchie, menace continuelle de la liberté de la navigation et des peuples habitant les côtes. Tant que les armes de la France furent victorieuses sous la République, le Consulat et l'Empire, les deys s'efforcèrent de faire respecter notre pavillon ; mais après la destruction de notre marine à Trafalgar (1805), l'Angleterre acheta aux indigènes nos comptoirs commerciaux. Napoléon pensa à venger cette injure et prépara le terrain en cas d'éventualité en envoyant le capitaine du génie Boutin (1) relever la côte barbaresque. Ce fut grâce aux savantes investigations de ce capitaine que notre expédition réussit. Car que serait-il arrivé si, au lieu de mouiller à Sidi-Ferruch (point qu'il avait indiqué comme débarquement), on fût venu dans la rade d'Alger, lors de la tempête du 16 juin? L'escadre eût-elle pu gagner le large? Que serait-il advenu de notre armée privée de matériel, de vivres, si, au lieu de s'enfermer dans la presqu'île, elle eût été abandonnée sur la plage d'Hussein-Dey? Nous devons donc rendre ici un juste tribut de louanges au modeste capitaine qui, plus que les Moncade, les Doria, les Charles-Quint et les O'Reilly, indiqua à sa patrie le point vulnérable de la piraterie à laquelle semblait s'associer la versatilité de l'atmosphère.

Le motif d'une expédition était facile à trouver : les questions humanitaires suffisaient ; mais l'humeur insolente des Deys fit déborder la coupe, quand

(1) *Boutin*, capitaine du génie, chargé par Napoléon Ier de relever les côtes algériennes dans l'éventualité d'un débarquement. Ce fut lui qui désigna la presqu'île de Sidi-Ferruch comme point propre à un débarquement pour attaquer Alger.

Hussein, réclamant des millions pour de médiocres grains vendus à la France et soutenant les intérêts de commerçants de mauvaise foi, alla jusqu'à frapper de son chasse-mouches notre consul, Duval, auquel on ne pouvait reprocher, après tout, que d'avoir trop temporisé.

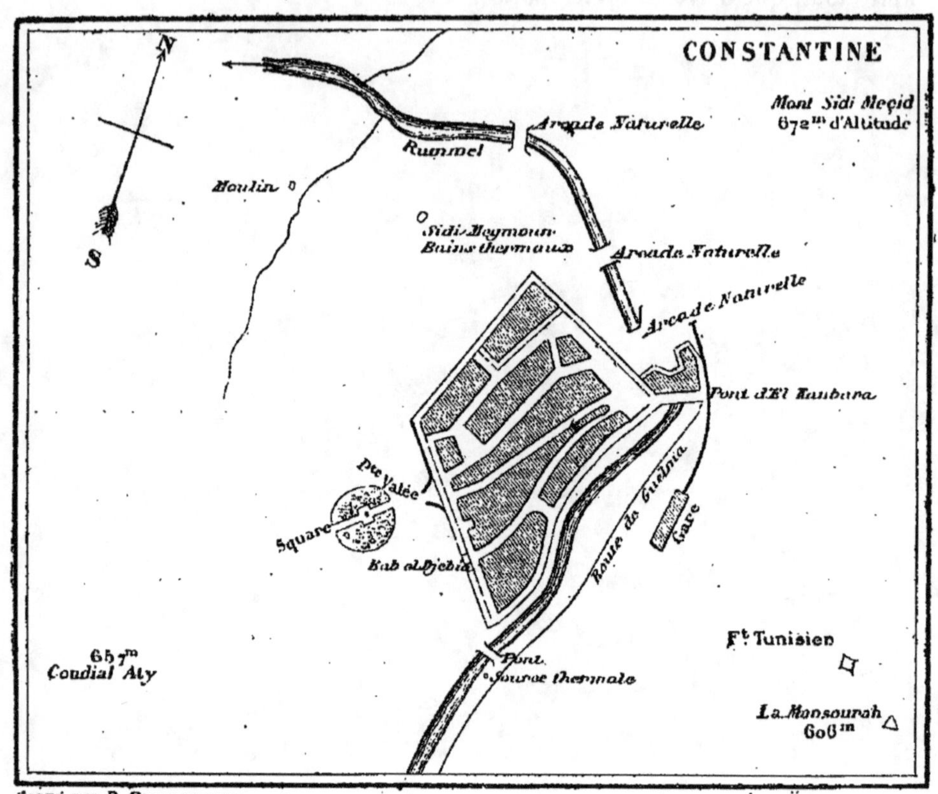

Gravé par R. Hausermann

XXIV

Le bey de Constantine, pendant que notre escadre bloquait Alger, détruisit nos établissements de la Calle. Le 3 août, l'*Alerte*, sortant du port d'Alger avec le drapeau parlementaire, essuya une décharge générale des batteries algériennes.

L'armée forte de 101 bâtiments de guerre, 27,000 marins, 400 navires de transport, 37,877 hommes de débarquement, défila le 13 juin 1830 devant la ville.

Le 14, au lever du soleil, les troupes débarquent dans la presqu'île de Sidi-Ferruch, s'emparent de Torre Chica, de quelques batteries et s'établissent solidement. Le 16, une violente tempête menace l'escadre et ranime les Arabes qui, s'attendant peut-être à un désastre, attaquèrent furieusement le 17 et le 18 juin. Le 19, au matin, 50,000 Arabes d'Oran, de Constantine et de Titery renforcés par les Turcs et commandés par Ibrahim-Agha, gendre d'Hussein-Dey sont complétement battus à Staouéli. L'avant-garde força nos premières lignes, mais elle fut arrêtée par nos feux roulants tirés à petite portée. Pendant trois fois, cavaliers et fantassins se ruèrent sur nos lignes et en furent toujours repoussés. L'armée prit alors l'offensive ; les généraux Berthezène et Loverdo lancent leurs divisions en avant. Les Arabes poursuivis à la baïonnette abandonnent 13 pièces d'artillerie, 2 mortiers, 100 chameaux et 400 tentes.

Conformément à leur coutume, les Arabes pensèrent mettre leur dey à mort ; mais celui-ci, enfermé dans la Kasbah, tourna les canons contre la ville et menaça de la foudroyer. Les mutins se calmèrent.

Le 4 juillet, les batteries françaises établies sur la Bouzaréa, depuis la Vigie jusqu'aux hauteurs d'El-Biar, ouvrirent le feu contre la Kasbah, le fort de l'Empereur et le fort Bab-Azoun qui furent bientôt démantelés. Les Turcs abandonnèrent le fort de l'Empereur et le firent sauter.

Hussein, vaincu, protégé par les armes de la France contre le fer de ses assassins, s'humilia; mais Bourmont voulut qu'il se rendît.

L'armée française fit son entrée dans Alger le 5 juillet 1830.

CONSTANTINE (22, 23, 24 *novembre* 1836).

Le maréchal Clauzel (1) arriva sous les murs de Constantine dont le mécontentement de la population devait lui ouvrir les portes, sans qu'aucune des tribus dont on lui avait signalé la haine pour Ahmed-bey vint renforcer la colonne assiégeante. Le Kabyle Ben-Aïssa commandait dans la ville, tandis qu'à la tête d'une innombrable cavalerie le bey tenait la campagne. Une vive résistance, le mauvais temps, le manque de matériel de siége forcèrent le maréchal à ordonner la retraite qui eût été un terrible désastre sans l'audacieuse énergie du commandant Changarnier couvrant avec le 2e léger la retraite du côté de la Mansourah. L'ennemi se pressait tumultueux autour de la valeu-

(1) *Clauzel*, maréchal de France, homme distingué, trop confiant dans les promesses des Arabes, entreprit la première expédition contre Constantine ; sa prudence et la hardiesse de Changarnier sauvèrent l'armée dans sa retraite.

reuse arrière-garde; c'en était fait du convoi et de l'armée, lorsqu'une soudaine inspiration du commandant sauva tout.

Changarnier arrête ses hommes : « Ils sont six mille, vous êtes trois cents, la partie est égale; regardez-les en face et visez juste. Vive le roi! » Le bataillon forme le carré, et faisant à petite portée un feu terrible de deux rangs, couvre ses côtés d'un nombre considérable d'ennemis abattus; le reste s'enfuit. La retraite est assurée (1).

Quatre heures de plus, dirent des officiers dévoués au comte Clauzel, et il entrait en maître dans Constantine. Cette présomption peut probablement être placée avec celles qui nous promettaient l'aide de la population de Constantine et de plusieurs tribus voisines.

Le 6 octobre 1837, les mêmes régiments qui avaient tant souffert l'année précédente, marchèrent de nouveau contre Constantine.

Le général Damrémont (2) établit ses batteries sur la Mansourah, sur Coudiat-Aty et ouvre une brèche sur ce dernier point.

A la sommation de se rendre, les habitants répondent que tous les défenseurs se feront égorger plutôt que de capituler. « Ce sont des gens de cœur; eh bien! l'affaire n'en sera que plus glorieuse pour nous, » répond Damrémont qui se rendait à Coudiat-Aty pour y examiner la brèche. Le général Rulhières veut le contraindre à s'éloigner : « Laissez, laissez! » répondit le brave général, qu'un boulet renverse sans vie. Le général Perrégaux (3) s'élançant à son secours tomba lui-même mortellement atteint.

Le 14, au matin, le général Valée (4) ordonne l'assaut dans lequel périrent le commandant Sérigny et le colonel Combes qui venait de remplacer le colonel Lamoricière (5) momentanément aveuglé par l'explosion d'un magasin à poudre.

---

(1) Dans l'attaque périrent le capitaine Grand, le commandant Richepanse et une foule d'autres braves guerriers. Le général Trézel fut blessé à l'attaque du pont d'El-Kantara et figura l'année suivante parmi les vainqueurs de la vieille Cirtha, dont la conquête nous causa de si douloureuses pertes et signala de si beaux caractères.

(2) *Damrémont*, village fondé en 1844, du nom du vainqueur de Constantine, mort en 1837, la veille de l'assaut.

(3) *Perrégaux*, village à 28 kilomètres de Mascara, porte le nom d'un brave général de l'armée d'Afrique.

(4) *Valée*, gouverneur de l'Algérie, village fondé en 1844.

(5) Nom d'une de nos illustrations militaires qui s'empara d'Abd-el-Kader, localité de l'Algérie : à l'E. de Tlemcen.

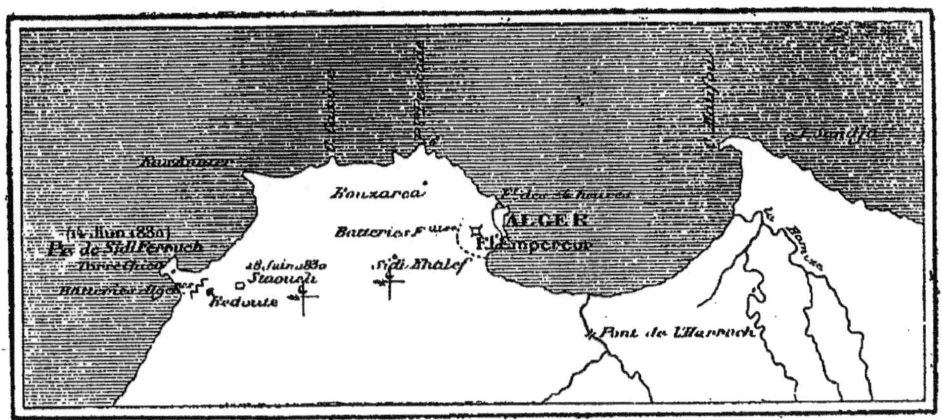

Gravé par E. Hausermann

XXV

ÉPHÉMÉRIDES DE LA CONQUÊTE

14 *juin*. — Débarquement des Français à Sidi-Ferruch. — 19 juin. Jour fixé par les Musulmans pour la ruine de cette armée, bataille de Staouéli. — 24 juin. Combat de Sidi-Khalef. — 29 juin. Occupation de la Bouzaréah et des hauteurs qui dominent le fort l'Empereur. — 3 juillet. Le fort l'Empereur saute. — 5 juillet. L'armée entre dans Alger. — 22 juillet. Expédition de Blidah. — 24 juillet. Oran venait d'être occupé. — 2 août. Occupation de Bone. — 27 septembre. Prise de Bone. — 7 novembre. Organisation des zouaves. — 20 novembre. Passage du teniah de Mouzaïa. 22 novembre. Première occupation de Médéa.

1831. 3 *juillet*. — Prise d'Arzeu. — 29 juillet. Prise de Mostaganem. — 1835. — 26 juin. Combat de la Macta : le général Trézel attaqué par un ennemi six fois plus nombreux se retire sur Arzeu. — 5 novembre. Le maréchal Clauzel s'empare de Mascara. — 1836. — 13 janvier. Prise de Tlemcen. — 6 juillet. Abd-el-Kader battu par le général Bugeaud entre Sika et la Tafna se retire à Nédroma. — 21 novembre. Malheureuse expédition contre Constantine par le maréchal Clauzel. — 1837.— 30 avril. Traité de la Tafna entre le général Bugeaud et l'émir Abd-el-Kader, par lequel la France ne conserve que le territoire d'Oran (de la Macta au sud du lac Salé et au Rio-Salado) et le territoire d'Alger limité par l'Atlas, un fossé partant de Blidah à Fouka.

XXVI

1837. 1 *octobre*. — Damrémont est tué la veille de la prise de Constantine. — 7 octobre. Fondation de Philippeville dont le terrain fut acheté 150 francs par le maréchal Valée aux Kabyles. — 1839. — Passage des Bibans. 1840. — 17 mai. Occupation définitive de Médéa. — 8 juin. Occupation de Miliana. — 1844. — 16 mai. 500 cavaliers français atteignent à Taguin la smala d'Abd-el-Kader, fondent sur elle sans attendre l'infanterie qui se trouvait à plusieurs heures de marche en arrière. — 1843. — Les Marocains d'Ouchda réunis à Abd-el-Kader attaquent Lamoricière à Lalla-Margnia, ils sont battus. — Juin 1843. — Entrevue de Bugeaud et du caïd d'Ouchda; l'escorte française (4 bataillons) est attaquée par 3,900 Marocains qui sont déroutés. Tanger est attaqué par le prince de Joinville. — 13 août 1844. — Bugeaud défait complètement les Marocains à la bataille d'Isly. — 6 août. Mogador est bombardé. — L'empereur du Maroc, Mouley-Abderraman, signe la paix et enjoint à Abd-el-Kader de quitter le Maroc. C'était le but poursuivi par la France; désormais le nouveau Firmus livré à ses propres forces est peu redoutable. Bou-Maza soulève les environs d'Orléansville et l'Ouarensenis, les tribus soulevées sont désarmées. — 1 mai. Bedeau part de Batna, s'empare de Médina, d'Aïdouna dans l'Aurès et soumet les tribus de ces oasis. — 24 avril, Stitten, 27, Rassoul, 30, Brizina sont soumis.

XXVII

1845. 22 *septembre*. — Abd-el-Kader ayant réformé sa deïra attaque 450 hommes qui s'étaient portés à Sidi-Brahim (12 kilomètres de Nemours): ils sont massacrés; 80 d'entre eux, restés dans le fort, luttent pendant quarante-huit heures, pressés par la faim et par la soif. Ils tentent de se replier sur Nemours et sont massacrés.

Abd-el-Kader fuit devant Lamoricière, 1846. — Bugeaud bat les Beni-Abbas (Kabylie), 1847. — Abd-el-Kader emploie ses forces contre les Marocains, il soulève les Beni-Amer et les Hachem. Mais à peine ont-ils ployé leurs tentes que les troupes de l'Empereur les cernent et les massacrent. Abd-el-Kader tente de gagner le Sahara, mais Lamoricière tient les passages et l'oblige à se rendre (21 *novembre* 1847).

1849. — Bou-Zian soulève le Ziban; Zaatcha est emportée d'assaut. Bou-Zian y trouve la mort, 25 novembre. — En 1851, Bou-Baghla remuait les Kabyles par ses sortiléges. Ces montagnards agitent le pays de Djijelli à Constantine : les généraux Luzy et Bousquet, sous les ordres de Saint-Arnaud, soumettent la Kabylie. Kala, la ville sacrée des Kabyles, est prise le 8 juillet 1851, et Lagouath le 4 décembre 1852, par le général Pélissier, sur le Kabyle Ben-Sameur qui, ayant juré pendant trois fois fidélité à la France, avait accueilli Mohammed-ben-Abdalla, l'instigateur de l'insurrection. Dans l'attaque, le général Bouscarin fut mortellement blessé au genou; le commandant Morand y périt aussi, 1853. — Campagne des Babors, 9 mai 1857. — 35,000 hommes commandés par les généraux de Mac-Mahon, Renault, Yusuf, sous les ordres du maréchal Randon, battent les Beni-Raten. Le général de Mac-Mahon défait les Kabyles à Icheriden et à Aguemout. La Kabylie était conquise.

XXVIII

1858. — L'Aurès se souleva ; le général Desvaux battit l'agitateur Si Saddok à Touncgaline, brûla sa zaouïa et soumit le pays. — 1859. Les Angad et les Maïa, tribus marocaines, franchissent notre frontière, les Beni Snassen les aident; mais le général Martimprey, secondé par les généraux Esterhazy, Yusuf, Desvaux et Durieu, les bat complétement au plateau d'Aïn-Taforalt et à Tagma. Plus au sud, le commandant Colomb châtiait les Beni-Guïl. — 1864. Soulèvement religieux des Ouled Sidi Chickh commandés par Sliman ben Hamza. — Le colonel Beauprêtre est massacré à Bou Allem. Hamza le poignarde, mais l'officier blessé à mort eut la force de brûler la cervelle à son assassin.

Vaincus à Aïn-Legta par le général Martineau-Deschenez, les soulevés commandés par Si Hamza, sont défaits par le général Deligny à Stitten.

13 *mai*. — Pendant ce temps, la plaine du Chélif était sauvée par le colonel Lapasset qui repoussa les Flittas et détruisit Zemmorah.

Le général Martimprey, qui succédait au général Pélissier, mort le 22 mai 1864, concentra ses forces à Ammi-Moussa : les insurgés cernés de tous côtés durent, après bien des combats partiels, se soumettre, laissant 4,000 prisonniers entre nos mains.

XXIX

1866. — Les sauterelles dévorent les récoltes, la misère des Kabyles est en partie secourue.

1867. 2 *janvier*. — Un tremblement de terre renverse complétement El-Affroun, la Chiffa, Mouzaïaville; d'autres localités sont plus ou moins éprouvées. La sécheresse brûle les fourrages; les semailles faites en vue de soulager les indigènes, ne réussissent pas; les bestiaux meurent faute de pâturages, la misère est à son comble, le spectacle en est affreux, malgré le dévouement de l'administration et des colons.

1865. — Le lieutenant-colonel de Sonis bat le successeur de Si Hamza, Si Lalla, à Oum-Dabded, près d'Aïn-Madhi.

1870. 29 *mars*. — Les brigades Chanzy et de Colomb, sous le commandement du général de Wimpffen, descendent vers l'Oued-Guïr; le 15 avril, ils battent les Sidi-Chickh à El-Bahariat. Le ksar Ain-Chaïr ouvre ses portes aux Français après une chaude attaque.

1871. — Les indigènes, nous croyant incapables de leur résister, se réunissent autour de Mokrani, bach-agha de la Medjana. Souk-Ahrras, El-Milliah sont attaqués, puis, le 16 mars, Bordj-bou-Arreridj (en Kabylie) que le colonel Bonvalet et le général Saussier sauvèrent. Mokrani menace Dra-el-Mizan et Aumale; Fort-National est assiégé.

Malgré tous les efforts de l'ennemi, le colonel Fourchault les arrête et les bat à l'Alma (22 avril). La colonne Cérez, attaquée par Mokrani à l'Oued-Souf-flat, bat et tue ce chef arabe.

Le général Lallemand débloque Tizi-Ouzou et Dellys; l'insurrection tombe peu à peu après un dernier effort des Beni-Menasser (Cherchell). Pendant cette terrible insurrection, le village de Bou-Areridj est pillé et brûlé ainsi que le Bordj-Menaïel et Palestro dont les habitants furent massacrés.

BIBLIOTHÈQUE NATIONALE R.F. IMPRIMÉS

2376.77. — Boulogne (Seine). — Imprimerie JULES BOYER

En Vente à la même Librairie.

PETITE
GÉOGRAPHIE ÉLÉMENTAIRE
DE L'ALGÉRIE

A l'usage des Classes élémentaires des Lycées, Collèges et des Écoles publiques

PAR

WAHL & MOLINER-VIOLLE

GÉOGRAPHIE ÉLÉMENTAIRE DE L'ALGÉRIE
ATLAS

A l'usage des Classes élémentaires des Lycées, Collèges et des Écoles publiques

PAR

WAHL & MOLINER-VIOLLE

1 vol. in-18 carré et 1 vol. in-8° oblong . . . . **1** fr. **50**

SÉPARÉMENT { la **Géographie**. . . . . **0** fr. **75**
{ l'**Atlas** **1** **25**

2361.76. — Boulogne (Seine). — Imprimerie Jules Boyer.

www.ingramcontent.com/pod-product-compliance
Lightning Source LLC
LaVergne TN
LVHW022146080426
835511LV00008B/1295
* 9 7 8 2 0 1 2 6 2 0 3 2 2 *